Impressum
Verlag: BABADADA GmbII, Nedderfeld 112 , 22529 Hamburg
Geschäftsführer / Verlagsleitung: Harald Hof
Druck: Books on Demand GmbH, In de Tarpen 42, 22848 Norderstedt

Imprint
Publisher: BABADADA GmbH, Nedderfeld 112 , 22529 Hamburg, Germany
Managing Director / Publishing direction: Harald Hof
Print: Books on Demand GmbH, In de Tarpen 42, 22848 Norderstedt

école

kool

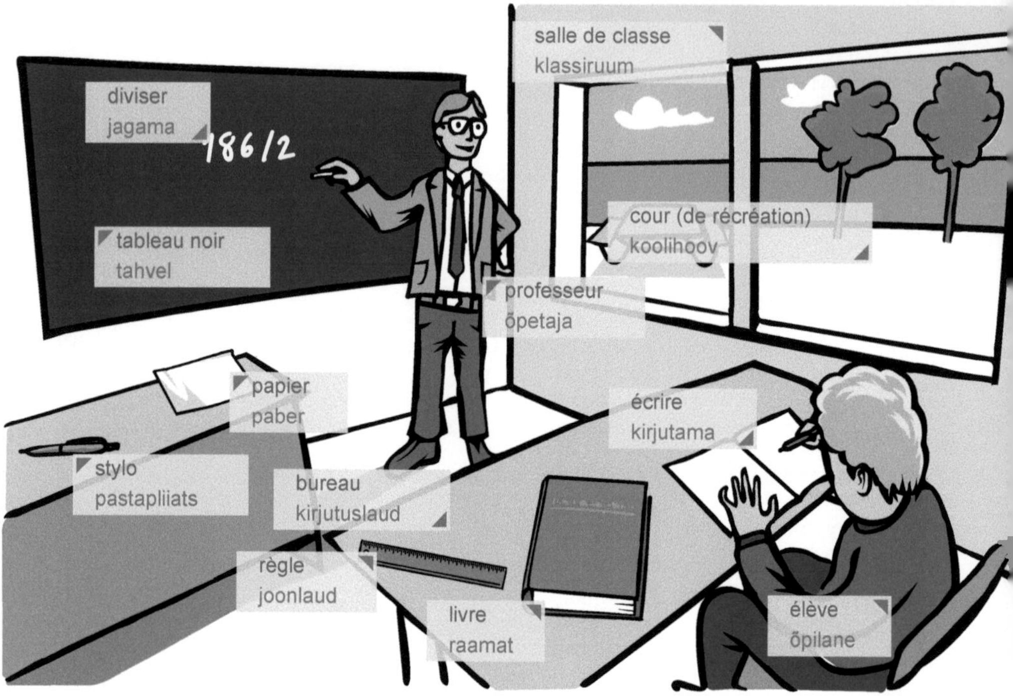
salle de classe
klassiruum
diviser
jagama
186/2
tableau noir
tahvel
cour (de récréation)
koolihoov
professeur
õpetaja
papier
paber
écrire
kirjutama
stylo
pastapliiats
bureau
kirjutuslaud
règle
joonlaud
livre
raamat
élève
õpilane

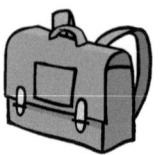

cartable

koolikott

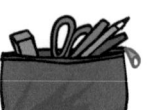

trousse

pinal

crayon

harilik pliiats

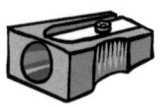

taille-crayon

pliiatsiteritaja

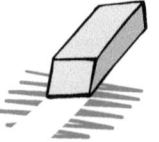

gomme

kustukumm

carnet à dessin

joonistusplokk

dessin
joonistus

pinceau
pintsel

boîte de peinture
värvikarp

ciseaux
käärid

colle
liim

cahier d'exercices
töövihik

devoirs
kodutöö

chiffre
number

additionner
liitma

soustraire
lahutama

multiplier
korrutama

calculer
arvutama

lettre
täht

ABCDEFG
HIJKLMN
OPQRSTU
VWXYZ

alphabet
tähestik

hello

mot
sõna

texte

tekst

lire

lugema

craie

kriit

leçon

koolitund

livre de classe

klassipäevik

examen

eksam

certificat

tunnistus

uniforme scolaire

koolivorm

formation

haridus

lexique

entsüklopeedia

université

ülikool

microscope

mikroskoop

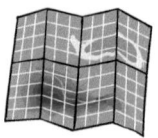

carte

kaart

corbeille à papier

paberikorv

voyage
reisimine

hôtel
hotell
Grand
auberge
hostel
ROOMS
bureau de change
valuutavahetuspunkt
EXCHANGE
valise
kohver
voiture
auto

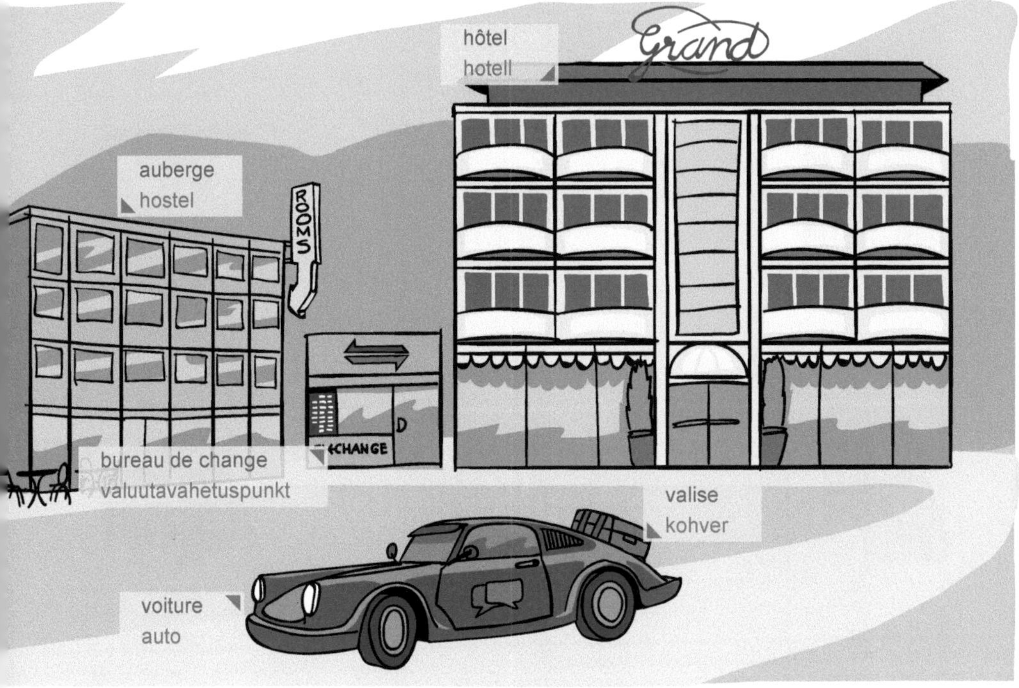

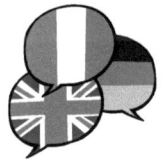

langue
keel

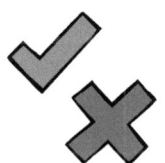

oui / non
jah / ei

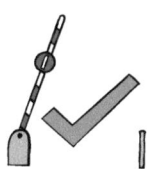

d'accord
okei

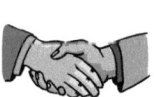

Salut
Tere!

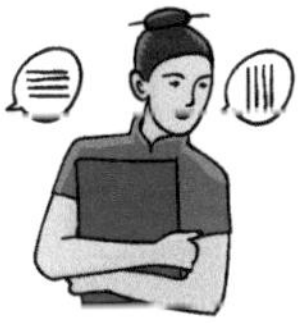

interprète
tõlk

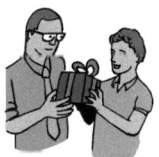

merci
Aitäh!

Combien coûte...?

Kui palju maksab ...?

Je ne comprends pas

Ma ei saa aru

problème

probleem

Bonsoir !

Tere õhtust!

Bonjour !

Tere hommikust!

Bonne nuit !

Head ööd!

Au revoir

Head aega!

direction

suund

bagages

pagas

sac

kott

sac-à-dos

seljakott

hôte

külaline

pièce

tuba

sac de couchage

magamiskott

tente

telk

office de tourisme

turismiinfo

plage

rand

carte de crédit

krediitkaart

petit-déjeuner

hommikusöök

déjeuner

lõunasöök

dîner

õhtusöök

billet

pilet

ascenseur

lift

timbre

postmark

frontière

riigipiir

douane

toll

ambassade

saatkond

visa

viisa

passeport

pass

transport

transport

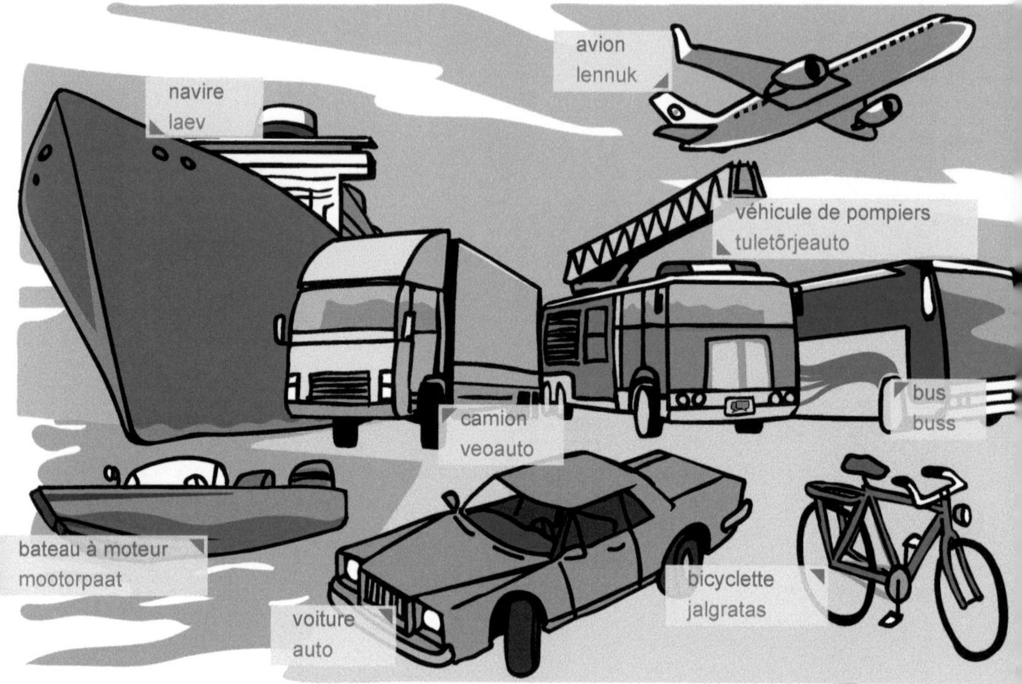
avion
lennuk
navire
laev
véhicule de pompiers
tuletõrjeauto
bus
buss
camion
veoauto
bateau à moteur
mootorpaat
bicyclette
jalgratas
voiture
auto

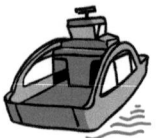

ferry

praam

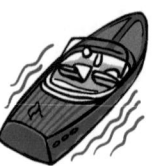

barque

paat

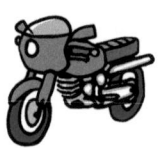

moto

mootorratas

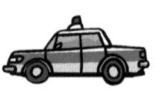

voiture de police

politseiauto

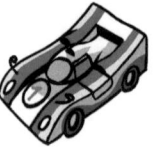

voiture de course

võidusõiduauto

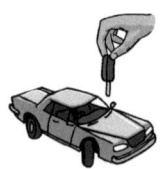

voiture de location

rendiauto

auto-partage
ühisauto

voiture de remorquage
puksiirauto

benne à ordures
prügiauto

moteur
mootor

essence
kütus

station d'essence
tankla

panneau indicateur
liiklusmärk

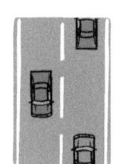

trafic
liiklus

embouteillage
liiklusummik

parking
parkla

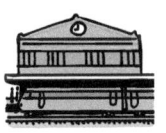

gare
raudteejaam

rails
rööpad

train
rong

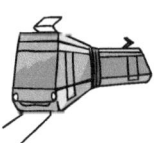

tramway
tramm

wagon
vagun

hélicoptère

helikopter

aéroport

lennujaam

tour

torn

passager

reisija

conteneur

konteiner

carton

pappkast

chariot

käru

corbeille

korv

décoller / atterrir

õhku tõusma / maanduma

ville

linn

village

küla

centre-ville

kesklinn

maison

maja

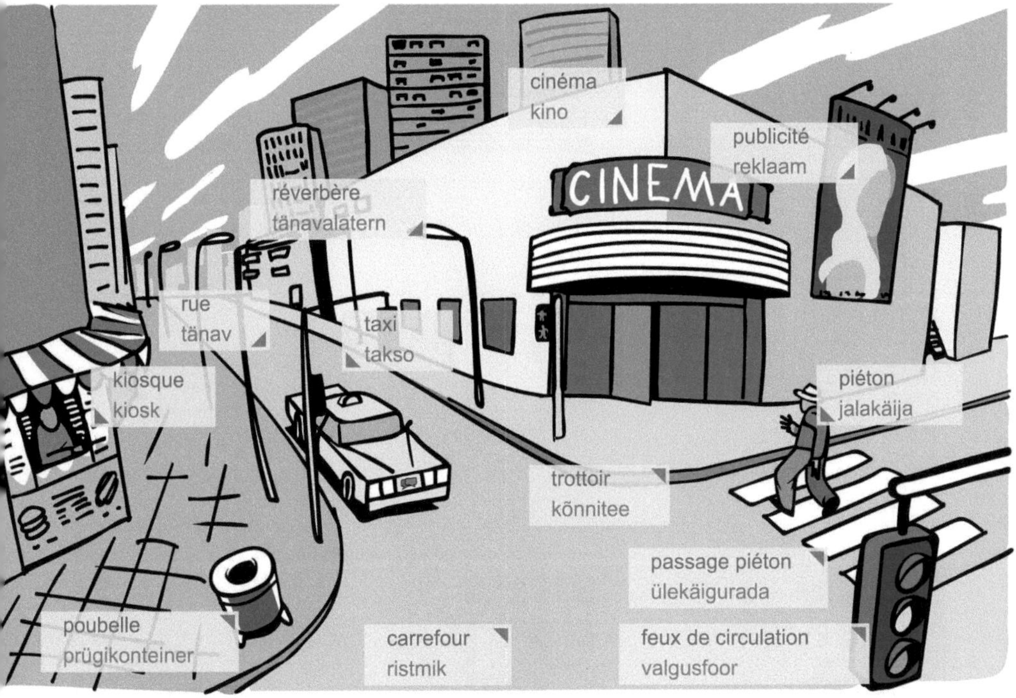

cinéma
kino

publicité
reklaam

réverbère
tänavalatern

rue
tänav

taxi
takso

kiosque
kiosk

piéton
jalakäija

trottoir
könnitee

passage piéton
ülekäigurada

poubelle
prügikonteiner

carrefour
ristmik

feux de circulation
valgusfoor

cabane
osmik

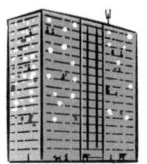

appartement
kortermaja

gare
raudteejaam

mairie
raekoda

musée
muuseum

école
kool

université
ülikool

banque
pank

hôpital
haigla

hôtel
hotell

pharmacie
apteek

bureau
kontor

librairie
raamatupood

magasin
kauplus

fleuriste
lillepood

supermarché
supermarket

marché
turg

grand magasin
kaubamaja

poissonnerie
kalapood

centre commercial
kaubanduskeskus

port
sadam

parc

park

banque

pink

pont

sild

escaliers

trepp

métro

metroo

tunnel

tunnel

arrêt de bus

bussipeatus

bar

baar

restaurant

restoran

boîte à lettres

postkast

panneau indicateur

tänavasilt

parcmètre

parkimisautomaat

zoo

loomaaed

piscine

ujula

mosquée

mošee

ville - linn

ferme
talu

pollution
reostus

cimetière
surnuaed

église
kirik

aire de jeux
mänguväljak

temple
tempel

paysage
maastik

feuille
leht

panneau indicateur
teeviit

chemin
tee

pré
aas

pierre
kivi

randonneur
matkaja

arbre
puu

rivière
jõgi

herbe
rohi

fleur
lill

vallée

org

montagne

mägi

lac

järv

forêt

mets

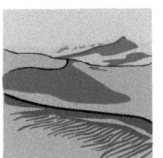

désert

kõrb

volcan

vulkaan

château

linnus

arc-en-ciel

vikerkaar

champignon

seen

palmier

palm

moustique

sääsk

mouche

kärbes

fourmis

sipelgas

abeille

mesilane

araignée

ämblik

coléoptère

mardikas

grenouille

konn

écureuil

orav

hérisson

siil

lièvre

jänes

chouette

öökull

oiseau

lind

cygne

luik

sanglier

metssiga

cerf

hirv

élan

põder

barrage

pais

éolienne

tuuleturbiin

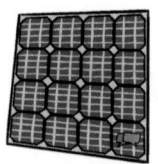

panneau solaire

päikesepaneel

climat

kliima

serveur
kelner

menu
menüü

chaise
tool

pizza
pitsa

soupe
supp

couverts
söögiriistad

nappe
laudlina

hors d'œuvre
eelroog

plat principal
pearoog

dessert
magustoit

boissons
joogid

alimentation
toit

bouteille
pudel

fast-food

kiirtoit

plats à emporter

tänavatoit

théière

teekann

sucrier

suhkrutoos

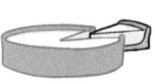

portion

portsjon

machine à expresso

espressomasin

chaise haute

lastetool

facture

arve

plateau

kandik

couteau

nuga

fourchette

kahvel

cuillère

lusikas

cuillère à thé

teelusikas

serviette

salvrätik

verre

klaas

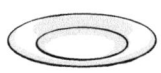

assiette
taldrik

assiette à soupe
supitaldrik

soucoupe
alustass

sauce
kaste

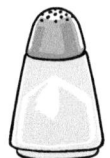

salière
soolatoos

moulin à poivre
pipraveski

vinaigre
äädikas

huile
õli

épices
vürtsid

ketchup
ketšup

moutarde
sinep

mayonnaise
majonees

restaurant - restoran

supermarché
supermarket

offre promotionnelle
eripakkumine
client
klient
produits laitiers
piimatooted
fruits
puuviljad
chariot
ostukäru
FOR

BUTCHERS

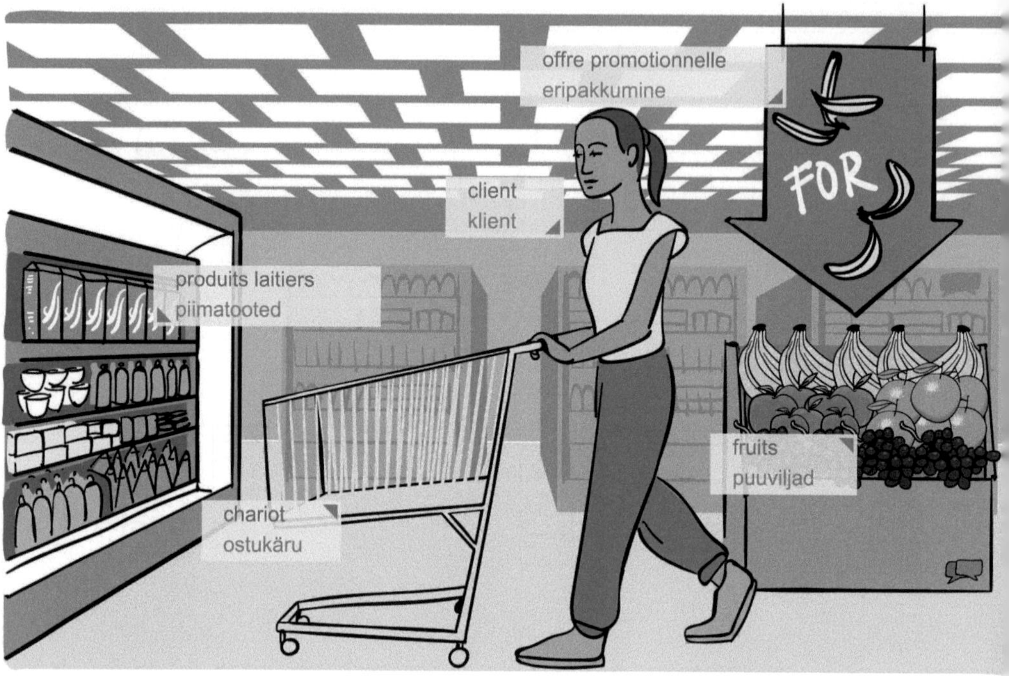

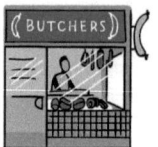

boucherie

lihapood

BAKERY

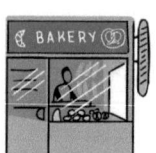

boulangerie

pagariäri

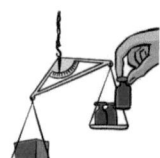

peser

kaaluma

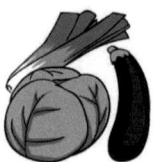

légumes

köögiviljad

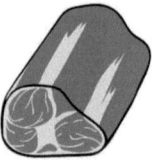

viande

liha

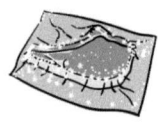

aliments surgelés

külmutatud toit

charcuterie

lihalõigud

conserves

konservid

poudre à lessive

pesupulber

bonbons

maiustused

articles ménagers

majatarbed

détergents

puhastustooted

vendeuse

müüja

caisse

kassaaparaat

caissier

kassapidaja

liste d'achats

ostunimekiri

heures d'ouverture

lahtiolekuajad

portefeuille

rahakott

carte de crédit

krediitkaart

sac

kott

sac en plastique

kilekott

eau

vesi

jus de fruit

mahl

lait

piim

coca

koola

vin

vein

bière

õlu

alcool

alkohol

chocolat chaud

kakao

thé

tee

café

kohv

expresso

espresso

cappuccino

cappuccino

banane

banaan

pomme

õun

orange

apelsin

melon

arbuus

citron

sidrun

carotte

porgand

ail

küüslauk

bambou

bambus

oignon

sibul

champignon

seen

noisettes

pähklid

pâtes

nuudlid

spaghetti

spagetid

riz

riis

salade

salat

pommes frites

friikartulid

pommes de terre rôties

praekartulid

pizza

pitsa

hamburger

hamburger

sandwich

võileib

escalope

šnitsel

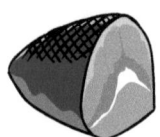

jambon

sink

salami

salaami

saucisse

vorst

poulet

kana

rôti

praeliha

poisson

kala

flocons d'avoine

kaerahelbed

muesli

müsli

cornflakes

maisihelbed

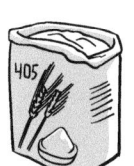

farine

jahu

croissant

sarvesai

petits-pains

kukkel

pain

leib

pain grillé

röstsai

biscuits

küpsised

beurre

või

le fromage blanc

kohupiim

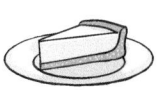

gâteau

kook

œuf

muna

œuf au plat

praemuna

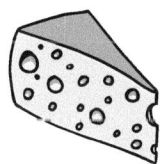

fromage

juust

glace

jäätis

sucre

suhkur

miel

mesi

confiture

moos

crème nougat

pähklivõie

curry

karri

ferme
talu

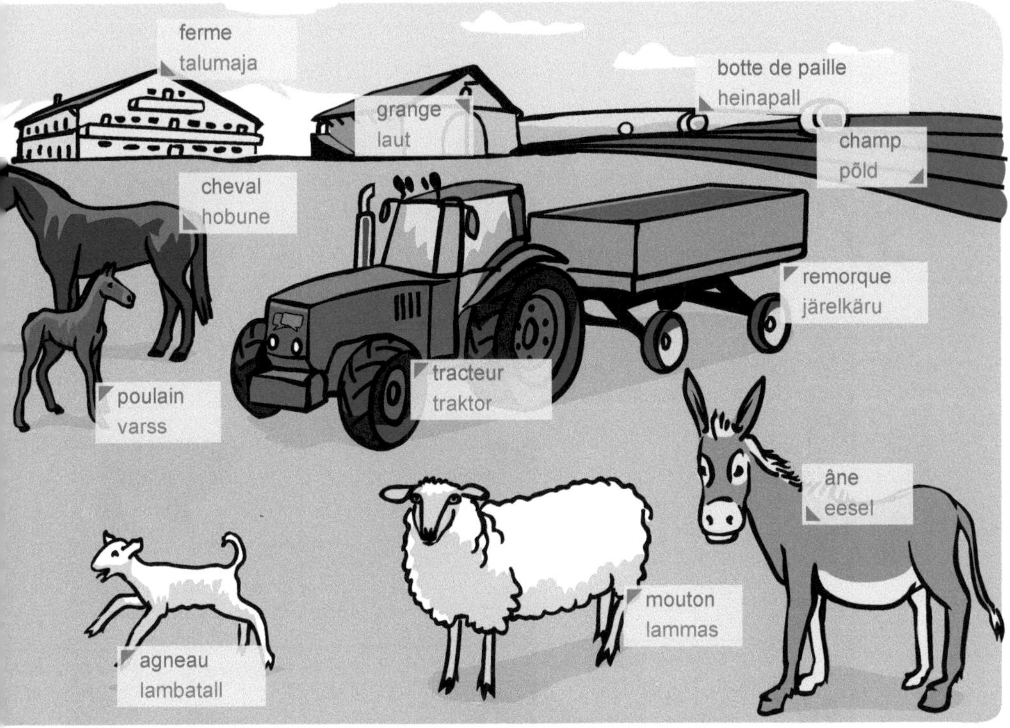
ferme
talumaja
grange
laut
botte de paille
heinapall
champ
põld
cheval
hobune
remorque
järelkäru
tracteur
traktor
poulain
varss
âne
eesel
mouton
lammas
agneau
lambatall

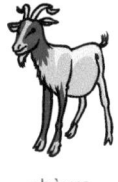

chèvre

kits

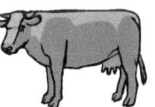

vache

lehm

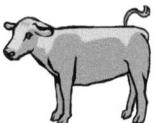

veau

vasikas

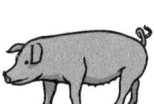

porc

siga

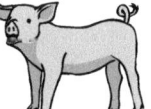

porcelet

põrsas

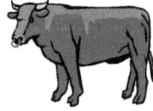

taureau

pull

oie
hani

canard
part

poussin
tibu

poule
kana

coq
kukk

rat
rott

chat
kass

souris
hiir

bœuf
härg

chien
koer

chenil
koerakuut

tuyau de jardin
aiavoolik

arrosoir
kastekann

faucheuse
vikat

charrue
ader

faucille
....
sirp

pioche
....
kõblas

fourche
....
hang

hache
....
kirves

brouette
....
käru

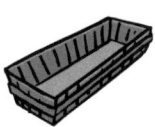

cuve
....
küna

pot à lait
....
piimanõu

sac
....
kott

clôture
....
tara

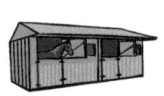

étable
....
tall

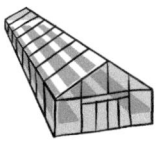

serre
....
kasvuhoone

sol
....
muld

semences
....
seeme

engrais
....
väetis

moissonneuse-batteuse
....
kombain

récolter

saaki koristama

récolte

saagikoristus

igname

jamss

blé

nisu

soja

soja

pomme de terre

kartul

maïs

mais

colza

raps

arbre fruitier

viljapuu

manioc

maniokk

céréales

teravili

maison

maja

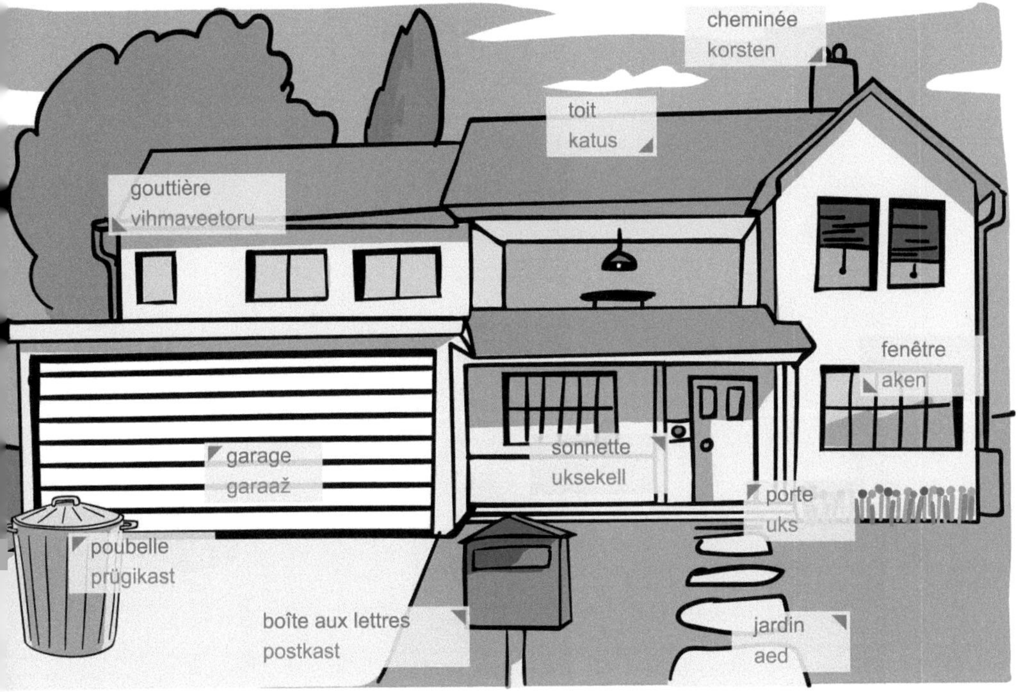
cheminée
korsten
toit
katus
gouttière
vihmaveetoru
fenêtre
aken
garage
garaaž
sonnette
uksekell
porte
uks
poubelle
prügikast
boîte aux lettres
postkast
jardin
aed

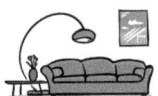

salon

elutuba

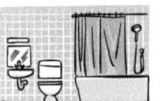

salle de bain

vannituba

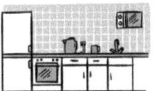

cuisine

köök

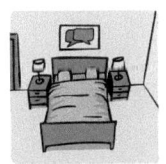

chambre à coucher

magamistuba

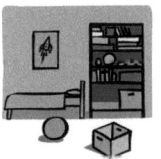

chambre d'enfant

lastetuba

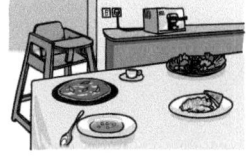

salle à manger

söögituba

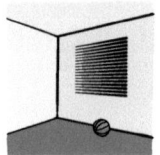

sol

põrand

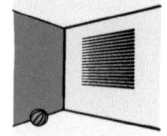

mur

sein

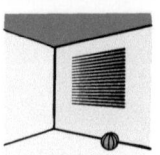

plafond

lagi

cave

kelder

sauna

saun

balcon

rõdu

terrasse

terrass

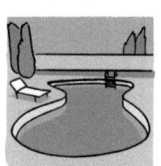

piscine

bassein

tondeuse à gazon

muruniiduk

housse

voodilina

couette

päevatekk

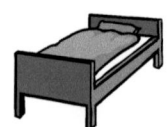

lit

voodi

balai

luud

sceau

ämber

interrupteur

lüliti

salon
elutuba

papier peint
tapeet
image
pilt
lampe
lamp
étagère
riiul
armoire
kapp
télé
televiisor
cheminée
kamin
fleur
lill
coussin
padi
sofa
diivan
vase
vaas
télécommande
kaugjuhtimispult

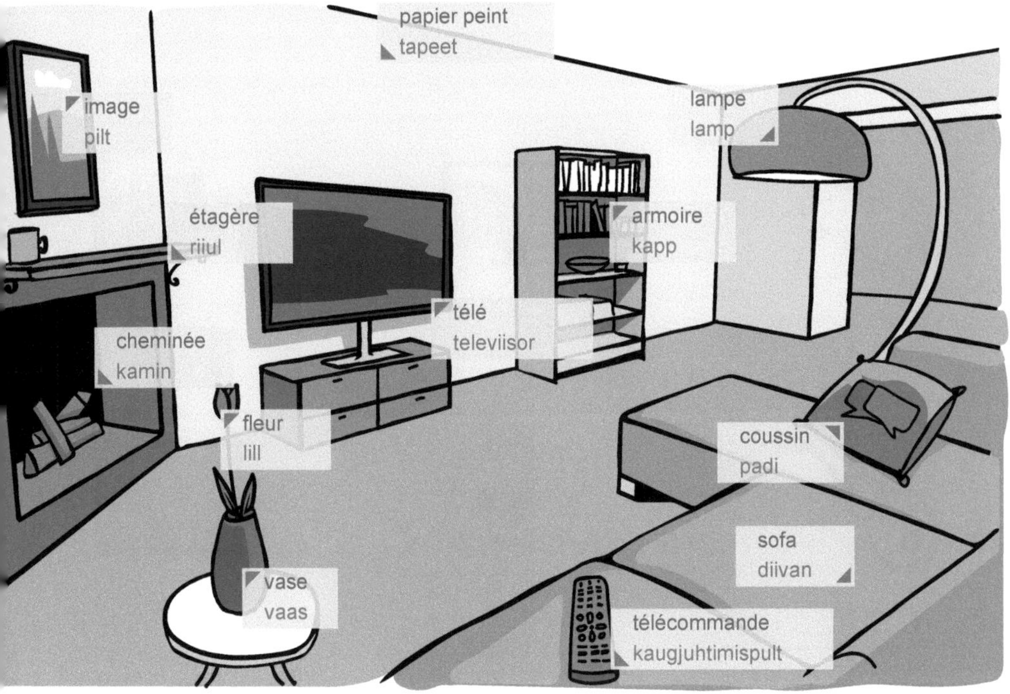

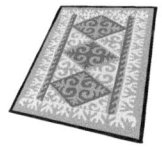

tapis

vaip

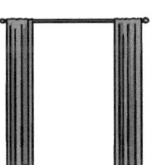

rideau

kardin

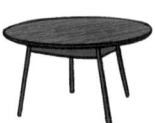

table

laud

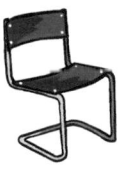

chaise

tool

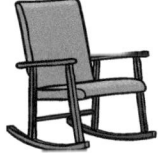

chaise à bascule

kiiktool

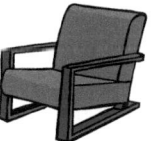

fauteuil

tugitool

livre
raamat

couverture
tekk

décoration
kaunistus

bois de chauffage
küttepuud

film
film

chaîne hi-fi
helisüsteem

clé
võti

journal
ajaleht

peinture
maal

poster
plakat

radio
raadio

bloc-notes
märkmik

aspirateur
tolmuimeja

cactus
kaktus

bougie
küünal

cuisine
köök

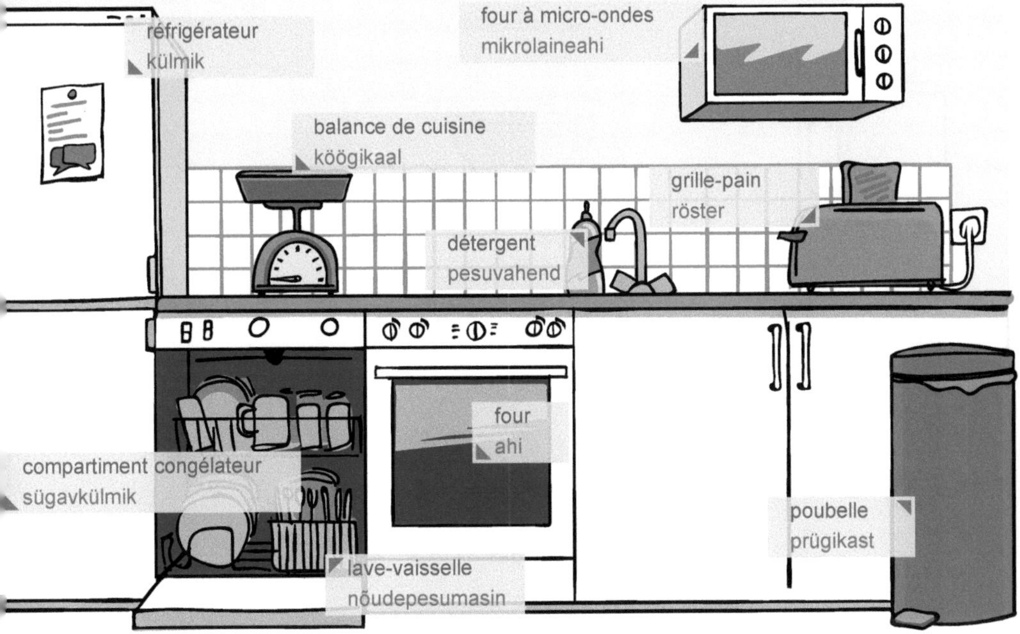

réfrigérateur
külmik
four à micro-ondes
mikrolaineahi
balance de cuisine
köögikaal
grille-pain
röster
détergent
pesuvahend
four
ahi
compartiment congélateur
sügavkülmik
poubelle
prügikast
lave-vaisselle
nõudepesumasin

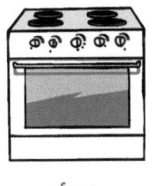

four
....
pliit

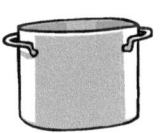

casserole
....
pott

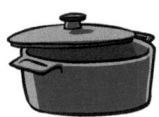

marmite
....
malmpott

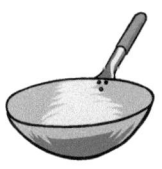

wok / kadai
....
vokkpann

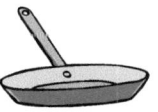

poêle
....
pann

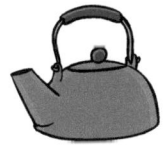

bouilloire electrique
....
veekeetja

cuiseur vapeur

aurutaja

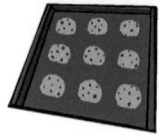

plaque de cuisson

küpsetusplaat

vaisselle

lauanõud

gobelet

kruus

coupe

kauss

baguettes

söögipulgad

louche

kulp

spatule

pannilabidas

fouet

vispel

passoire

kurn

tamis

sõel

râpe

riiv

mortier

uhmer

barbecue

grill

cheminée

lahtine tuli

planche à découper

lõikelaud

rouleau à pâtisserie

tainarull

tire-bouchon

korgitser

boîte

konservipurk

ouvre-boîte

konserviavaja

maniques

pajakinnas

lavabo

kraanikauss

brosse

hari

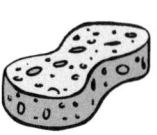

éponge

pesukäsn

mixeur

kannmikser

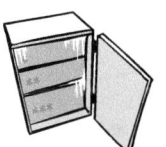

congélateur

sügavkülmuti

biberon

lutipudel

robinet

segisti

salle de bain
vannituba

chauffage
küte
douche
dušš
serviette
käterätik
rideau de douche
dušikardin
bain moussant
mullivann
baignoire
vann
verre
klaas
machine à laver
pesumasin
robinet
segisti
carrelage
plaadid
pot
pissipott
lavabo
kraanikauss

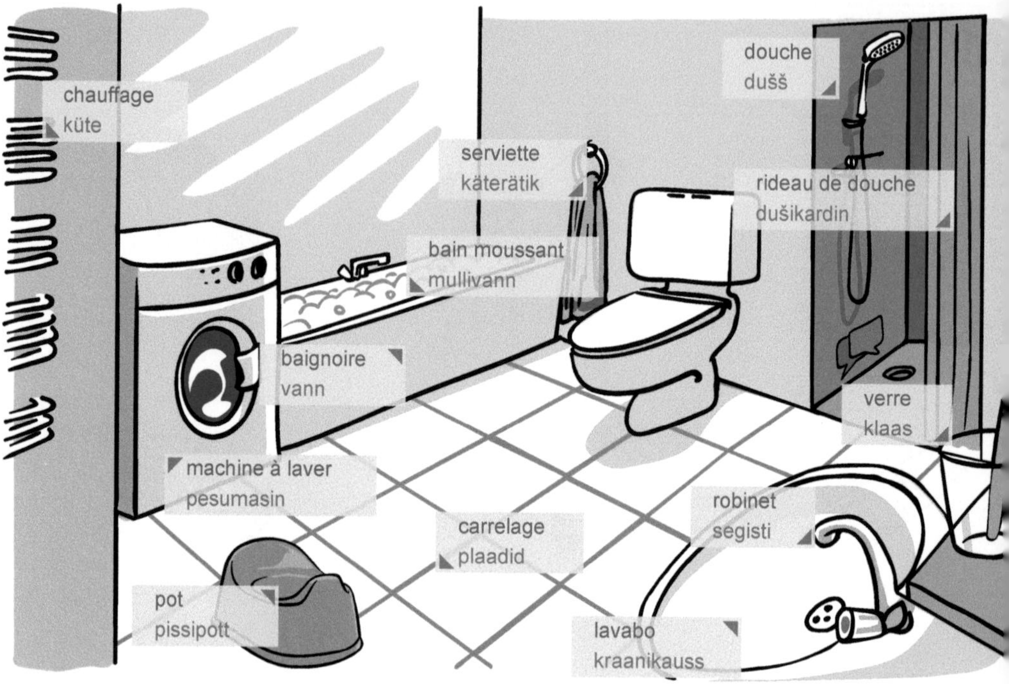

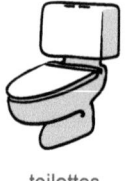

toilettes
WC-pott

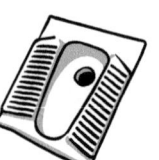

toilette à la turque
kükitamistualett

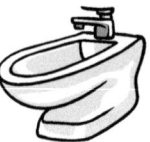

bidet
bidee

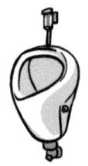

urinoir
pissuaar

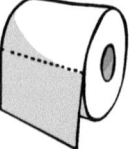

papier toilette
tualettpaber

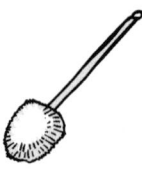

brosse à toilette
WC-hari

brosse à dents

hambahari

dentifrice

hambapasta

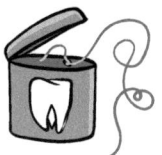

fil dentaire

hambaniit

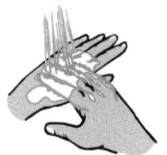

laver

pesema

douche manuelle

käsidušš

douche intime

intiimdušš

vasque

pesukauss

brosse dorsale

seljahari

savon

seep

gel douche

dušigeel

shampooing

šampoon

gant de toilette

vamm

écoulement

äravool

crème

kreem

déodorant

deodorant

miroir

peegel

miroir cosmétique

käsipeegel

rasoir

habemenuga

mousse à raser

raseerimisvaht

après-rasage

habemevesi

peigne

kamm

brosse

hari

sèche-cheveux

föön

laque pour cheveux

juukselakk

fond de teint

meigikomplekt

rouge à lèvres

huulepulk

vernis à ongles

küünelakk

ouate

vatt

coupe-ongles

küünekäärid

parfum

parfüüm

trousse de toilette

tualett-tarvete kott

tabouret

taburet

pèse-personne

kaal

peignoir

hommikumantel

gants de nettoyage

kummikindad

tampon

tampoon

serviettes hygiéniques

hügieeniside

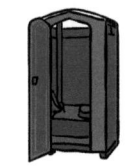

toilette chimique

keemiline tualett

chambre d'enfant
lastetuba

réveil
äratuskell
doudou
pehme mänguasi
voiture jouet
mänguauto
hochet
kõristi
maison de poupée
nukumaja
cadeau
kingitus

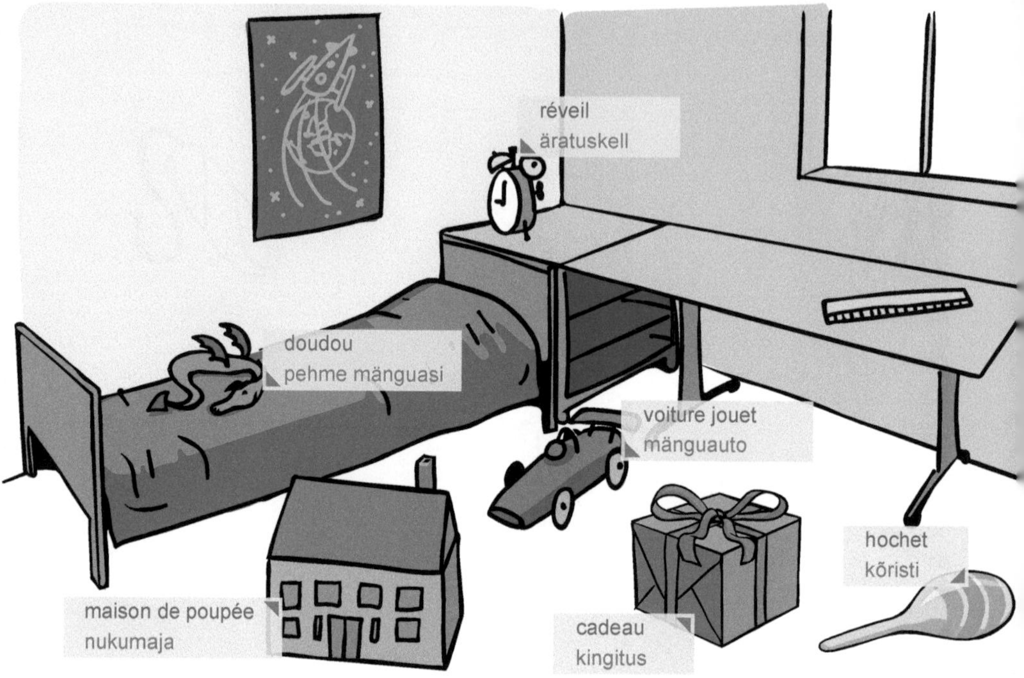

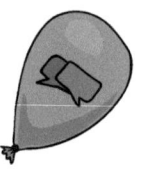

ballon

õhupall

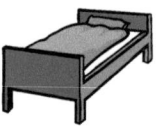

lit

voodi

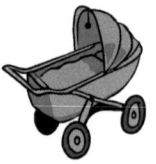

poussette

lapsevanker

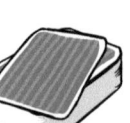

jeu de cartes

kaardipakk

puzzle

pusle

SUPER
MEGA

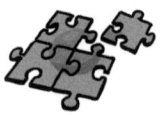

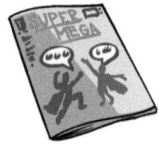

bande dessinée

koomiks

pièces lego

Lego klotsid

blocs de construction

klotsid

figurine

kujuke

grenouillère

siputuspüksid

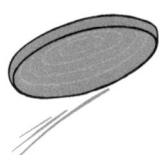

frisbee

lendav taldrik

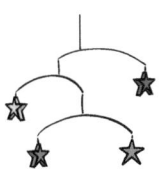

mobile

voodikarussell

jeu de société

lauamäng

dé

täringud

train miniature

mudelrong

sucette

lutt

fête

pidu

livre d'images

pildiraamat

balle

pall

poupée

nukk

jouer

mängima

bac à sable

liivakast

balançoire

kiik

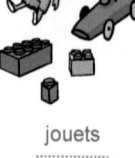

jouets

mänguasjad

console de jeu

mängukonsool

tricycle

kolmerattaline jalgratas

ours en peluche

mängukaru

armoire

riidekapp

vêtements
riietus

chaussettes

sokid

bas

sukad

collant

sukkpüksid

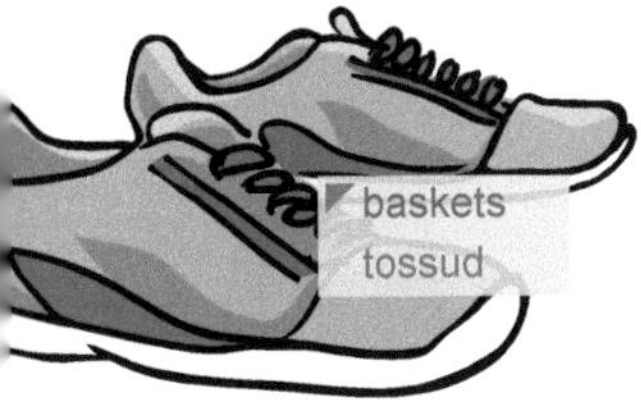

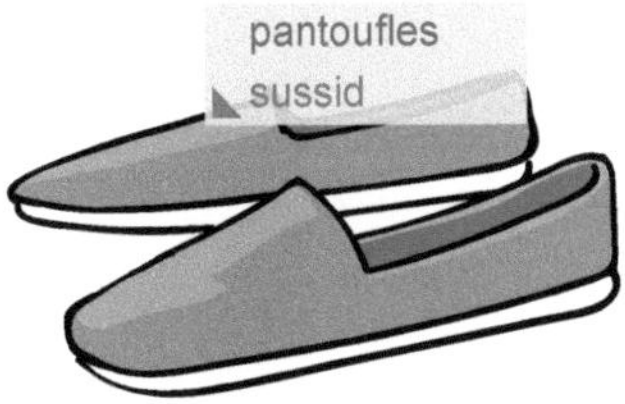

écharpe
sall

parapluie
vihmavari

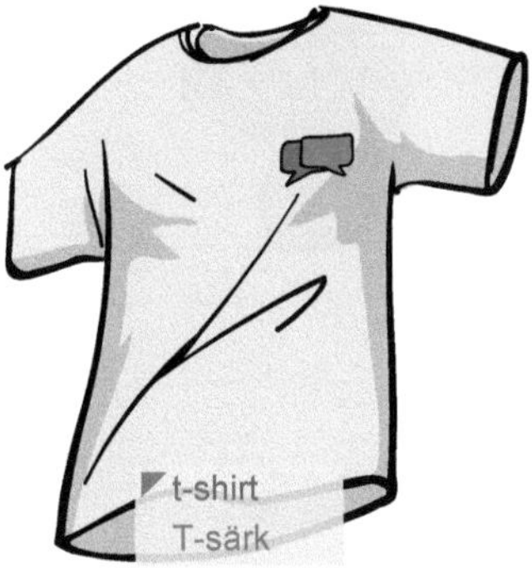

ceinture
vöö

t-shirt
T-särk

bottes
saapad

pantoufles
sussid

baskets
tossud

sandales

chaussures

bottes de caoutchouc

sandaalid

jalatsid

kummikud

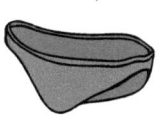

sous-vêtements

soutien-gorge

maillot de corps

aluspüksid

rinnahoidja

vest

body
bodi

pantalon
püksid

jean
teksapüksid

jupe
seelik

chemisier
pluus

chemise
särk

pull
sviiter

sweat à capuche
dressipluus

veste
bleiser

veste
jakk

manteau
mantel

imperméable
vihmamantel

costume
kostüüm

robe
kleit

robe de mariée
pulmakleit

costume

ülikond

chemise de nuit

öösärk

pyjama

pidžaama

sari

sari

foulard

pearätt

turban

turban

burqa

burka

caftan

kaftan

abaya

abayah

maillot de bain

ujumistrikoo

maillot de bain

ujumispüksid

short

lühikesed püksid

tenue d'entraînement

dressid

tablier

põll

gants

kindad

bouton

nööp

lunettes

prillid

bracelet

käevõru

collier

kaelakee

bague

sõrmus

boucle d'oreille

kõrvarõngas

bonnet

nokamüts

cintre

riidepuu

chapeau

kaabu

cravate

lips

fermeture éclair

tõmblukk

casque

kiiver

bretelles

traksid

uniforme scolaire

koolivorm

uniforme

vormirõivad

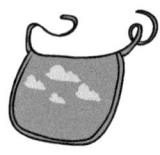

bavoir

pudipõll

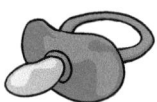

sucette

lutt

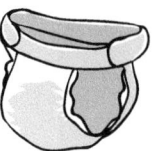

lange

mähe

bureau
kontor

serveur
server
armoire d'archivage
arhiivikapp
imprimante
printer
papier
paber
écran
monitor
souris
hiir
bureau
kirjutuslaud
classeur
kaust
clavier
klaviatuur
chaise
tool
corbeille à papier
paberikorv
ordinateur
arvuti

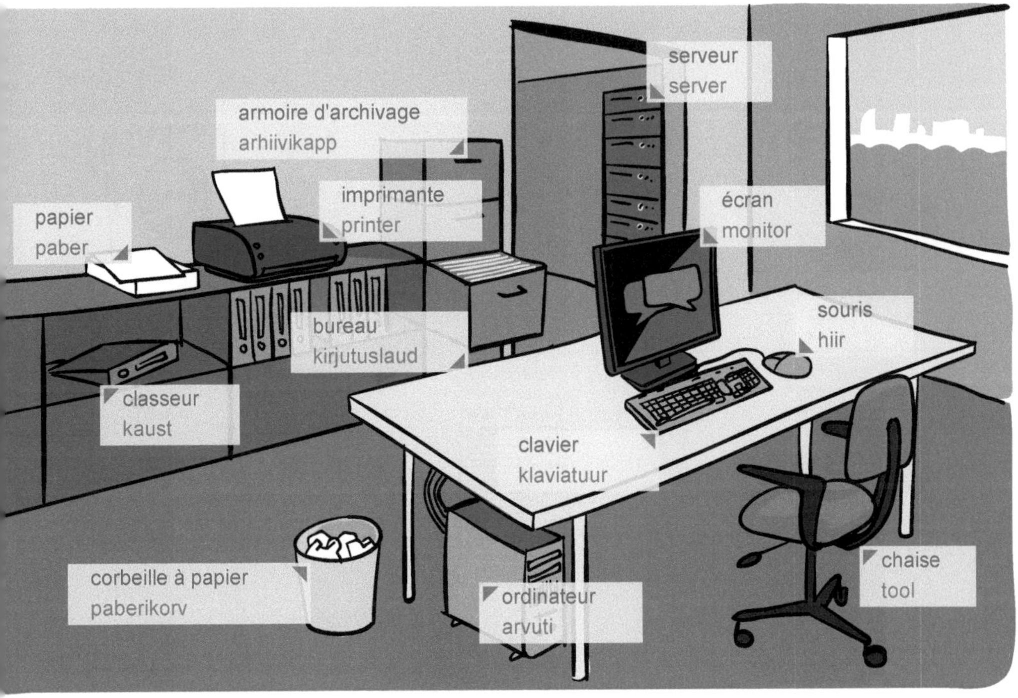

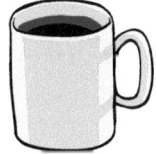

tasse de café

kohvikruus

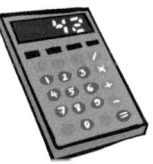

calculatrice

kalkulaator

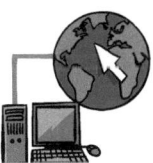

internet

internet

ordinateur portable

sülearvuti

lettre

kiri

message

sõnum

portable

mobiiltelefon

réseau

võrk

photocopieuse

koopiamasin

logiciel

tarkvara

téléphone

telefon

prise

pistikupesa

fax

faksimasin

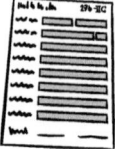

formulaire

vorm

document

dokument

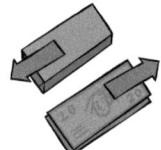

acheter

ostma

payer

maksma

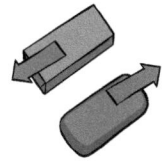

faire du commerce

vahetama

monnaie

raha

dollar

dollar

euro

euro

yen

jeen

rouble

rubla

franc suisse

Šveitsi frank

renminbi yuan

renminbi jüaan

roupie

ruupia

distributeur automatique

sularahaautomaat

bureau de change

valuutavahetuspunkt

or

kuld

argent

hõbe

pétrole

nafta

énergie

energia

prix

hind

contrat

leping

taxe

maks

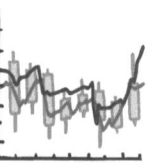

action

aktsia

travailler

töötama

employé

töötaja

employeur

tööandja

usine

tehas

magasin

kauplus

professions
ametid

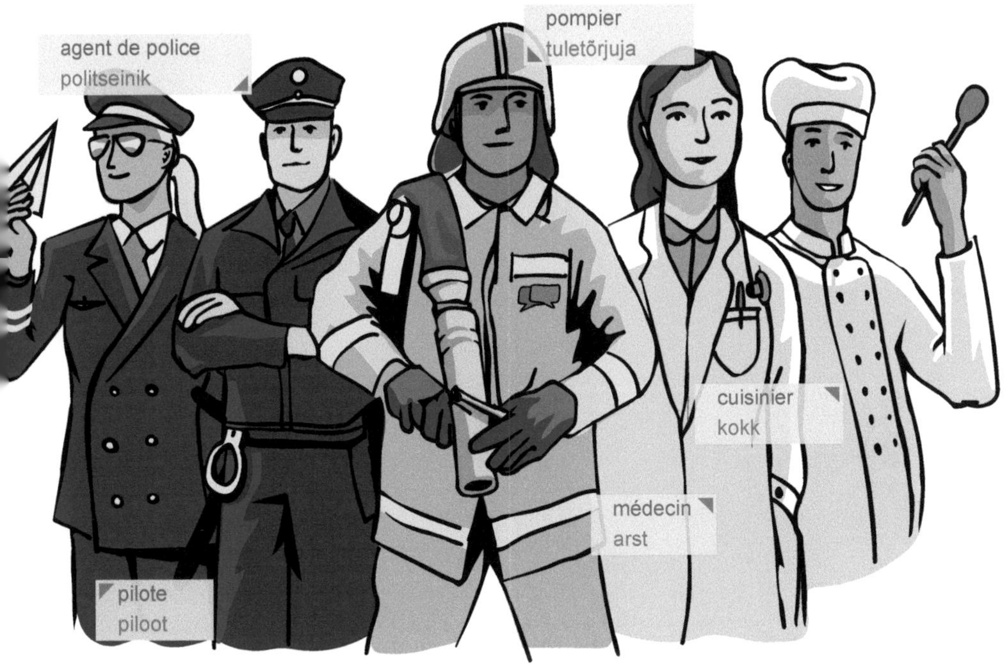

agent de police
politseinik
pompier
tuletõrjuja
cuisinier
kokk
médecin
arst
pilote
piloot

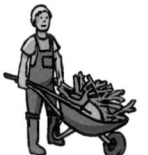

jardinier

aednik

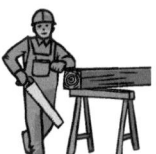

menuisier

puusepp

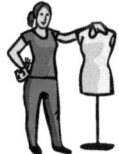

couturière

õmbleja

juge

kohtunik

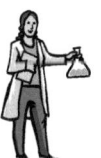

chimiste

keemik

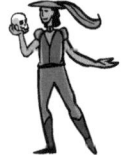

acteur

näitleja

conducteur de bus

bussijuht

chauffeur de taxi

taksojuht

pêcheur

kalamees

femme de ménage

koristaja

couvreur

katusepaigaldaja

serveur

kelner

chasseur

jahimees

peintre

maaler

boulanger

pagar

électricien

elektrik

ouvrier

ehitaja

ingénieur

insener

boucher

lihunik

plombier

torumees

facteur

postiljon

soldat

sõdur

architecte

arhitekt

caissier

kassapidaja

fleuriste

lillemüüja

coiffeur

juuksur

contrôleur

piletikontrolör

mécanicien

mehaanik

capitaine

kapten

dentiste

hambaarst

scientifique

teadlane

rabbin

rabi

imam

imaam

moine

munk

prêtre

preester

outils
tööriistad

marteau
haamer
pinces
tangid
tournevis
kruvikeeraja
clé
mutrivõti
torche
taskulamp

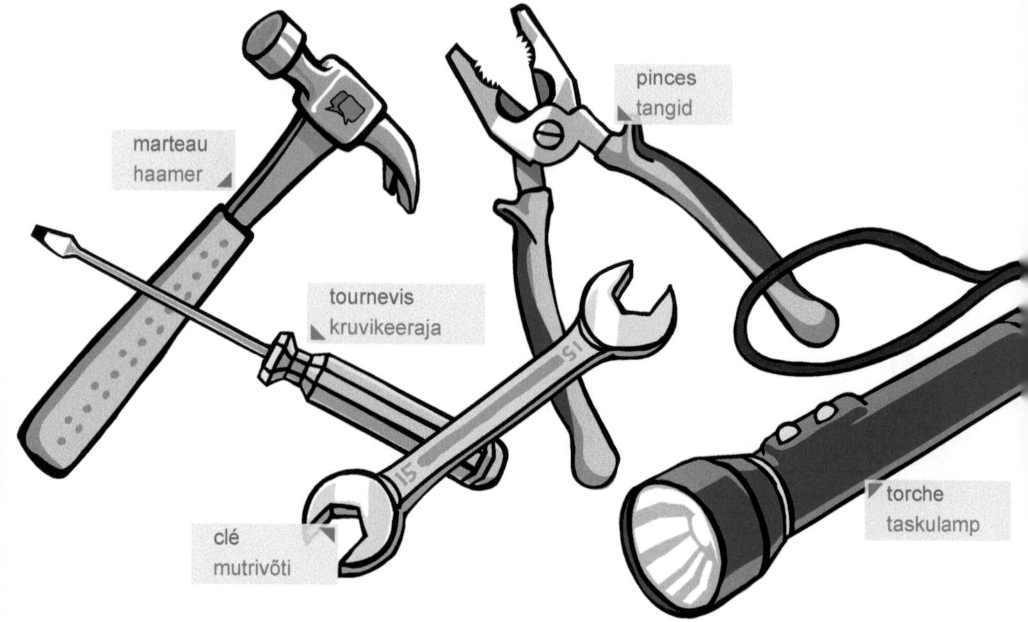

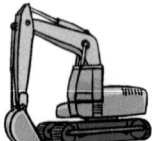

pelleteuse

ekskavaator

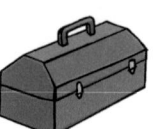

boîte à outils

tööriistakast

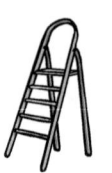

échelle

redel

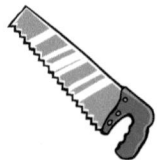

scie

saag

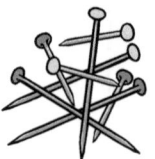

clous

naelad

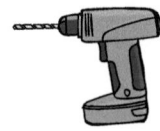

perceuse

trell

réparer

parandama

pelle

labidas

Mince !

Põrgusse!

pelle

kühvel

pot de peinture

värvipott

vis

kruvid

instruments de musique
pillid

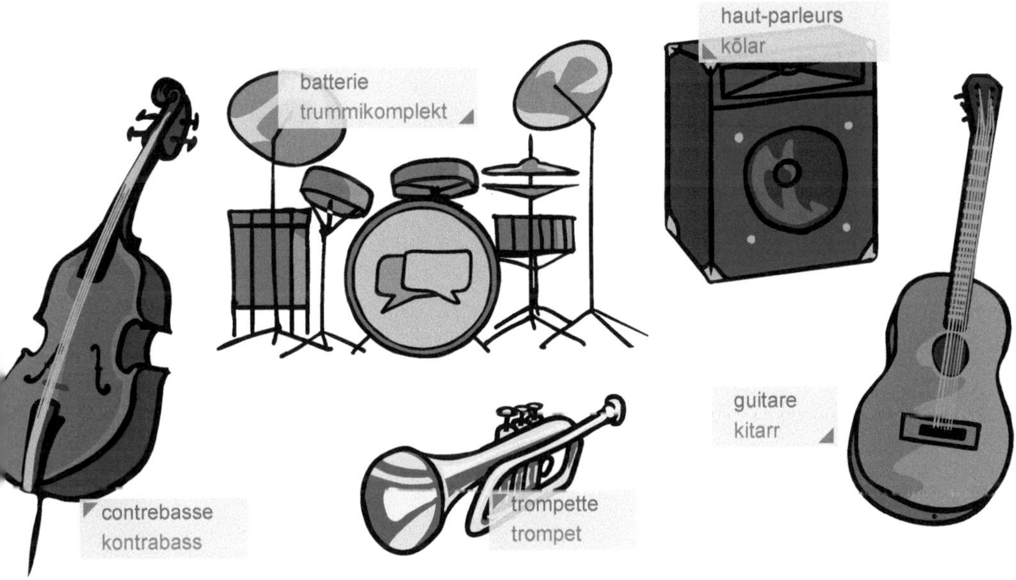

haut-parleurs
kõlar

batterie
trummikomplekt

guitare
kitarr

contrebasse
kontrabass

trompette
trompet

piano

klaver

violon

viiul

basse

bass

timbales

timpan

tambour

trummid

piano électrique

süntesaator

saxophone

saksofon

flûte

flööt

microphone

mikrofon

zoo
loomaaed

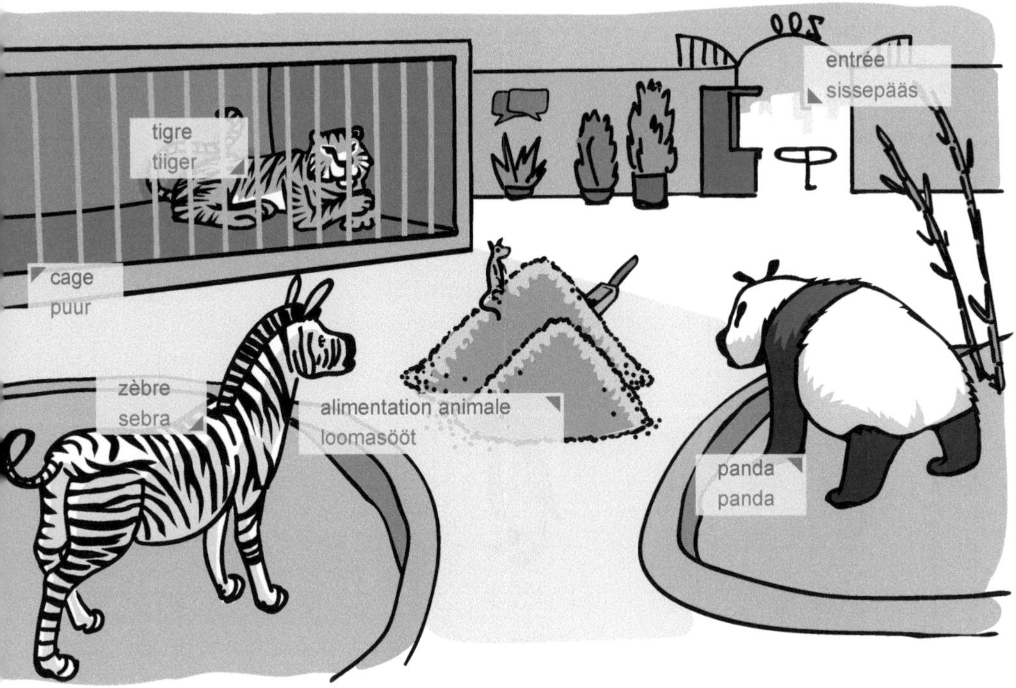

entrée
sissepääs
tigre
tiiger
cage
puur
zèbre
sebra
alimentation animale
loomasööt
panda
panda

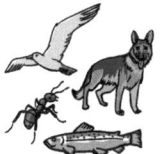

animaux
loomad

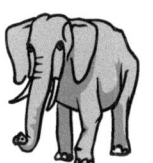

éléphant
elevant

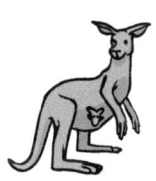

kangourou
känguru

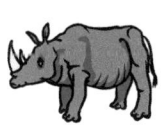

rhinocéros
ninasarvik

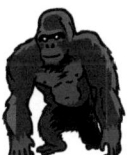

gorille
gorilla

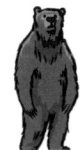

ours
karu

chameau
kaamel

autruche
jaanalind

lion
lõvi

singe
ahv

flamand rose
flamingo

perroquet
papagoi

ours polaire
jääkaru

pingouin
pingviin

requin
hai

paon
paabulind

serpent
madu

crocodile
krokodill

gardien de zoo
loomaaiatalitaja

phoque
hüljes

jaguar
jaaguar

zoo - loomaaed

poney
poni

léopard
leopard

hippopotame
jõehobu

girafe
kaelkirjak

aigle
kotkas

sanglier
metssiga

poisson
kala

tortue
kilpkonn

morse
morsk

renard
rebane

gazelle
gasell

american Football
Ameerika jalgpall

cyclisme
jalgrattasõit

tennis
tennis

basket-ball
korvpall

natation
ujumine

boxe
poksimine

hockey sur glace
jäähoki

football
jalgpall

badminton
sulgpall

athlétisme
kergejõustik

handball
käsipall

ski
suusatamine

polo
polo

62

sauter
hüppama

embrasser
kallistama

rire
naerma

marcher
jalutama

chanter
laulma

prier
palvetama

faire la bise
suudlema

rêver
unistama

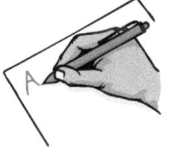

écrire
kirjutama

dessiner
joonistama

montrer
näitama

pousser
lükkama

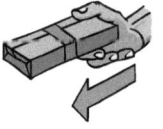

donner
andma

prendre
võtma

avoir
omama

faire
tegema

être
olema

être debout
seisma

courir
jooksma

trier
tõmbama

jeter
viskama

tomber
kukkuma

être couché
lamama

attendre
ootama

porter
kandma

être assis
istuma

s'habiller
riidesse panema

dormir
magama

se réveiller
ärkama

regarder
vaatama

pleurer
nutma

caresser
paitama

peigner
kammima

parler
rääkima

comprendre
aru saama

demander
küsima

écouter
kuulama

boire
jooma

manger
sööma

ranger
korrastama

aimer
armastama

cuire
süüa tegema

conduire
sõitma

voler
lendama

faire de la voile

purjetama

calculer

arvutama

lire

lugema

apprendre

õppima

travailler

töötama

se marier

abielluma

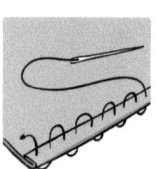

coudre

õmblema

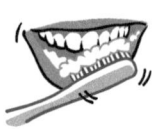

brosser les dents

hambaid pesema

tuer

tapma

fumer

suitsetama

envoyer

saatma

grand-mère
vanaema

grand-père
vanaisa

père
isa

mère
ema

bébé
imik

fille
tütar

fils
poeg

hôte
külaline

tante
tädi

oncle
onu

frère
vend

sœur
õde

corps
keha

front
otsmik
œil
silm
épaule
õlg
doigt
sõrm
visage
nägu
menton
lõug
main
käsi
jambe
jalg
poitrine
rind
bras
käsivars

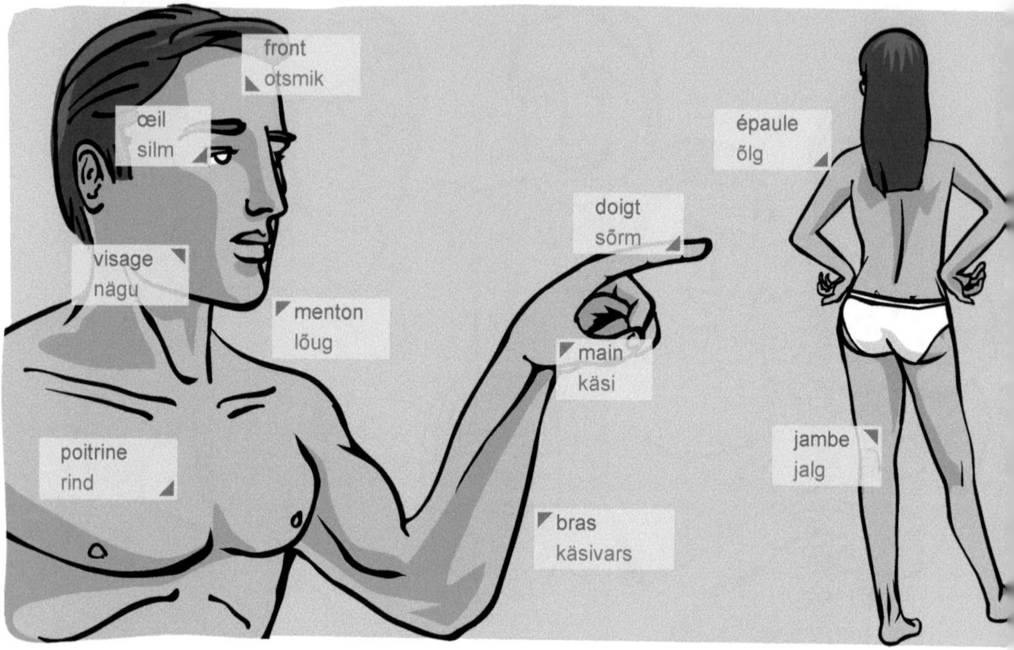

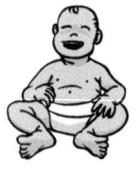

bébé
imik

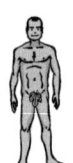

homme
mees

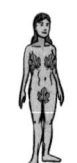

femme
naine

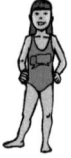

fille
tüdruk

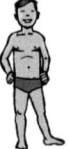

garçon
poiss

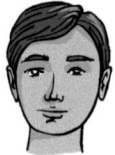

tête
pea

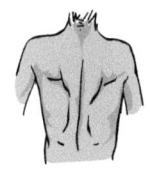

dos
....
selg

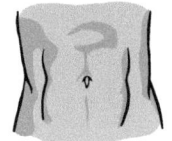

ventre
....
kõht

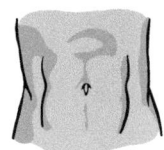

nombril
....
naba

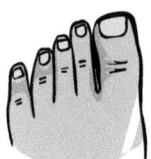

orteil
....
varvas

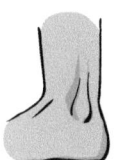

talon
....
kand

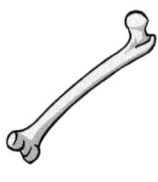

os
....
luu

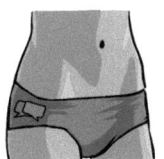

hanche
....
puus

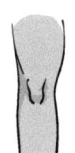

genou
....
põlv

coude
....
küünarnukk

nez
....
nina

fesses
....
tagumik

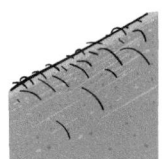

peau
....
nahk

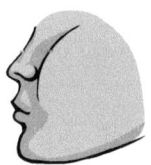

joue
....
põsk

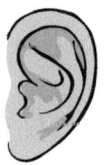

oreille
....
kõrv

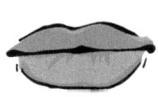

lèvre
....
huuled

bouche

suu

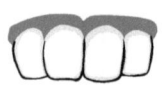

dent

hammas

langue

keel

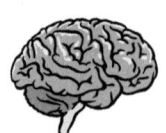

cerveau

aju

cœur

süda

muscle

lihas

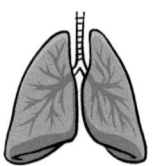

poumons

kops

foie

maks

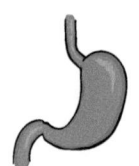

estomac

magu

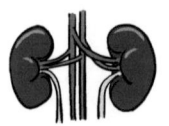

reins

neerud

rapport sexuel

seksuaalvahekord

préservatif

kondoom

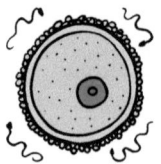

ovule

munarakk

sperme

sperma

grossesse

rasedus

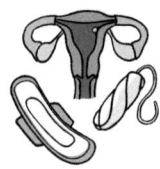

menstruation

menstruatsioon

vagin

vagiina

pénis

peenis

sourcil

kulm

cheveux

juuksed

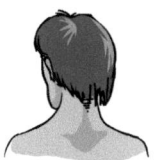

cou

kael

hôpital
haigla

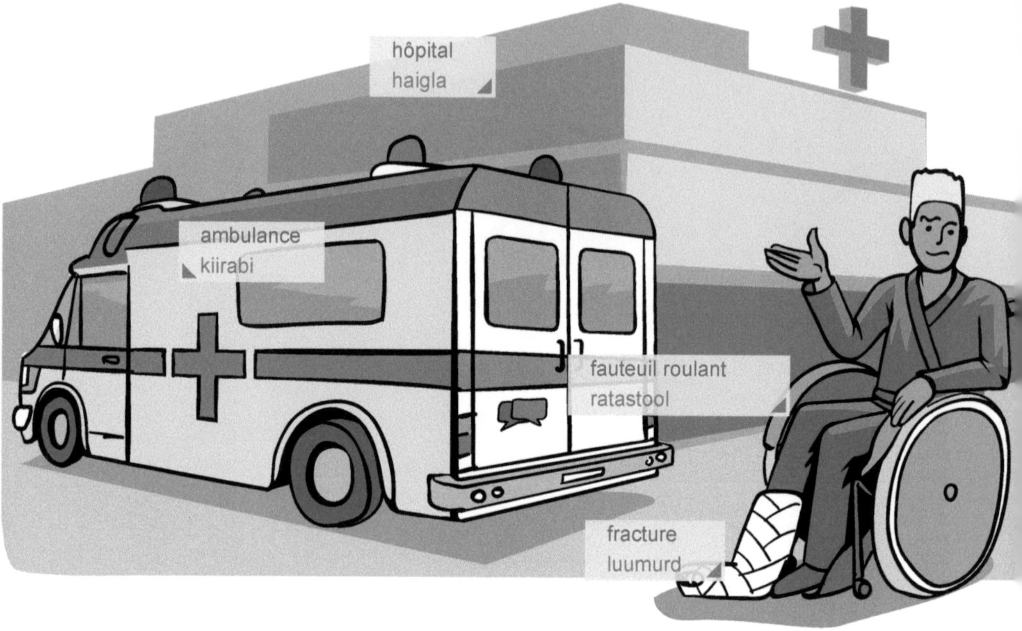

hôpital
haigla
ambulance
kiirabi
fauteuil roulant
ratastool
fracture
luumurd

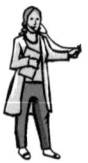

médecin

arst

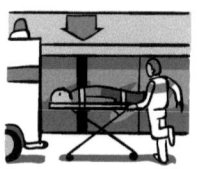

service des urgences

traumapunkt

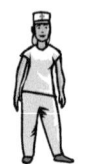

infirmière

meditsiiniõde

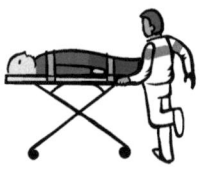

urgence

hädaolukord

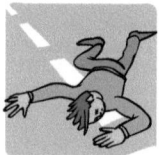

inconscient

teadvuseta

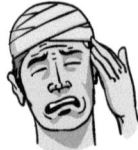

douleur

valu

blessure
vigastus

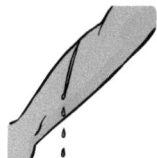

hémorragie
verejooks

crise cardiaque
südamerabandus

attaque cérébrale
insult

allergie
allergia

toux
köha

fièvre
palavik

grippe
gripp

diarrhée
kõhulahtisus

mal de tête
peavalu

cancer
vähk

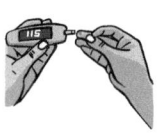

diabète
diabeet

chirurgien
kirurg

scalpel
skalpell

opération
operatsioon

CT
KT

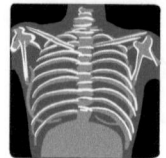

radiographie
röntgen

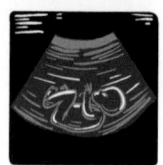

échographie
ultraheli

masque
mask

maladie
haigus

salle d'attente
ooteruum

béquille
kark

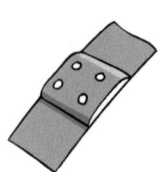

pansement
kips

pansement
side

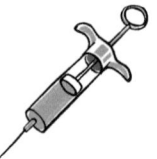

injection
süst

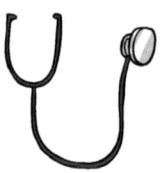

stéthoscope
stetoskoop

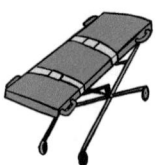

brancard
kanderaam

thermomètre
kraadiklaas

accouchement
sünd

surcharge pondérale
ülekaaluline

appareil auditif	désinfectant	infection
kuuldeaparaat	desinfektsioonivahend	põletik

virus	VIH / sida	médicament
viirus	HIV / AIDS	meditsiin
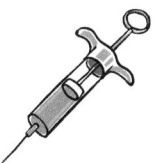	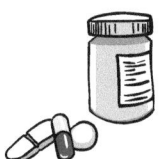	
vaccination	comprimés	pilule
vaktsineerimine	tabletid	pill

appel d'urgence	tensiomètre	malade / sain
hädaabikõne	vererõhuaparaat	haige / terve

Au secours !

Appi!

alarme

häire

assaut

kallaletung

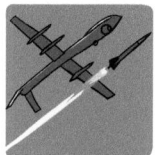

attaque

rünnak

danger

oht

sortie de secours

avariiväljapääs

Au feu!

Tulekahju!

extincteur

tulekustuti

accident

õnnetus

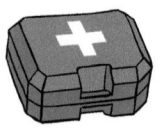

trousse de premier secours

esmaabikomplekt

SOS

SOS

police

politsei

Europe

Euroopa

Amérique du Nord

Põhja-Ameerika

Amérique du Sud

Lõuna-Ameerika

Afrique

Aafrika

Asie

Aasia

Australie

Austraalia

Océan atlantique

Atlandi ookean

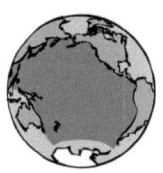

Océan pacifique

Vaikne ookean

Océan indien

India ookean

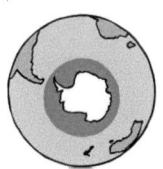

Océan antarctique

Lõuna-Jäämeri

Océan arctique

Põhja-Jäämeri

pôle nord

põhjapoolus

pôle sud

lõunapoolus

Antarctique

Antarktika

terre

Maa

pays

maismaa

mer

meri

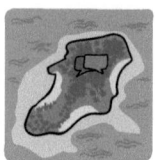

île

saar

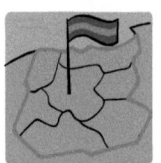

nation

rahvus

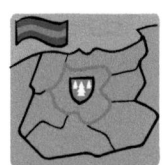

état

riik

cadran

sihverplaat

aiguille des heures

tunniosuti

aiguille des minutes

minutiosuti

aiguille des secondes

sekundiosuti

Quelle heure est-il ?

Mis kell on?

jour

päev

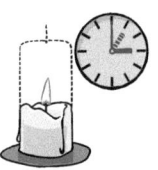

temps

aeg

maintenant

praegu

montre digitale

digitaalne kell

minute

minut

heure

tund

semaine
nädal

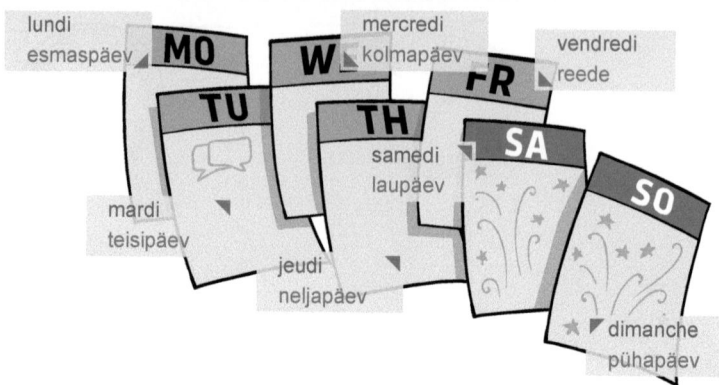

lundi
esmaspäev **MO**

W mercredi
kolmapäev

FR vendredi
reede

TU

TH

SA samedi
laupäev

mardi
teisipäev

jeudi
neljapäev

SO

dimanche
pühapäev

hier
....
eile

aujourd'hui
....
täna

demain
....
homme

matin
....
hommik

midi
....
lõuna

soir
....
õhtu

MO	TU	WE	TH	FR	SA	SU
1	2	3	4	5	6	7
8	9	10	11	12	13	14
15	16	17	18	19	20	21
22	23	24	25	26	27	28
29	30	31	1	2	3	4

jours ouvrables
....
tööpäevad

MO	TU	WE	TH	FR	SA	SU
1	2	3	4	5	6	7
8	9	10	11	12	13	14
15	16	17	18	19	20	21
22	23	24	25	26	27	28
29	30	31	1	2	3	4

week-end
....
nädalavahetus

année
aasta

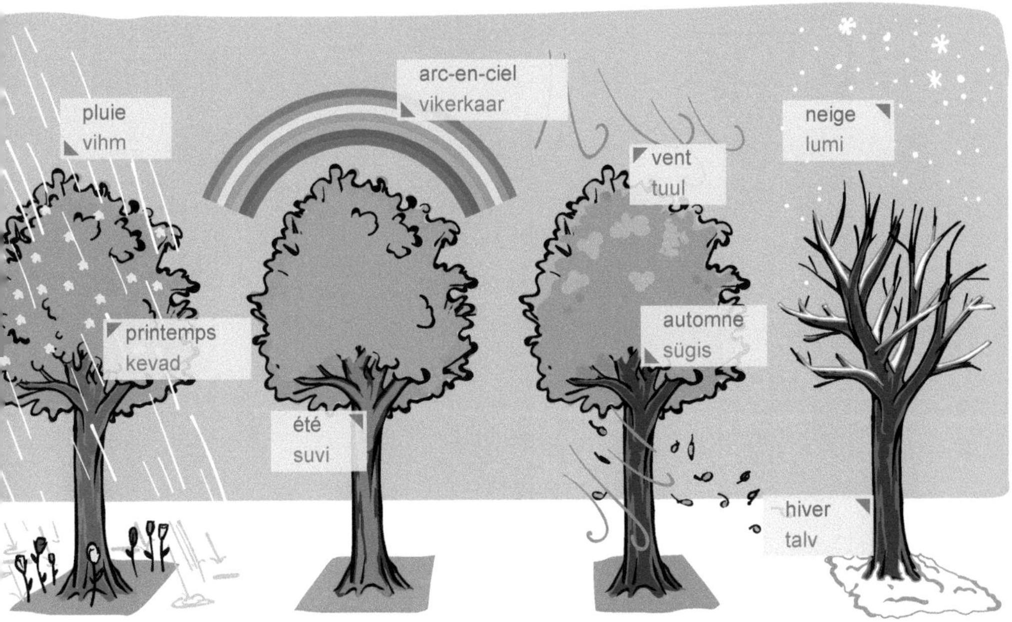
pluie
vihm
arc-en-ciel
vikerkaar
neige
lumi
vent
tuul
printemps
kevad
automne
sügis
été
suvi
hiver
talv

4.APRIL 11°
5.APRIL 4°
6.APRIL 13°
7.APRIL 8°
8.APRIL 10°

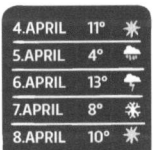

météo

ilmaennustus

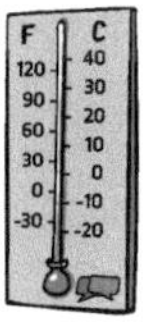
F C
120 90 60 30 0 -30
40 30 20 10 0 -10 -20

thermomètre

termomeeter

lumière du soleil

päikesepaiste

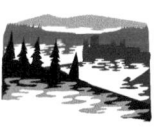

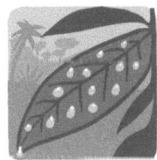

nuage

pilv

brouillard

udu

humidité

niiskus

foudre
pikne

tonnerre
kõu

tempête
torm

grêle
rahe

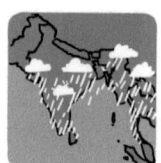

mousson
mussoon

inondation
üleujutus

glace
jää

janvier
jaanuar

février
veebruar

mars
märts

avril
aprill

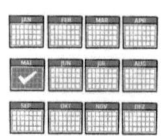

mai
mai

juin
juuni

juillet
juuli

août
august

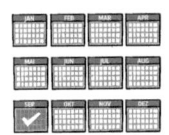

septembre
....
september

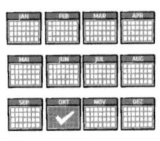

octobre
....
oktoober

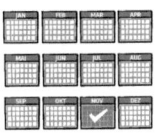

novembre
....
november

décembre
....
detsember

formes
kujundid

cercle
....
ring

carré
....
ruut

rectangle
....
nelinurk

triangle
....
kolmnurk

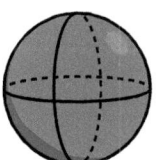

sphère
....
kera

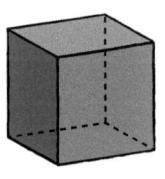

cube
....
kuup

blanc
valge

jaune
kollane

orange
oranž

rose
roosa

rouge
punane

violet
lilla

bleu
sinine

vert
roheline

marron
pruun

gris
hall

noir
must

beaucoup / peu

palju / vähe

fâché / calme

vihane / rahulik

joli / laid

ilus / inetu

début / fin

algus / lõpp

grand / petit

suur / väike

clair / obscure

hele / tume

frère / soeur

vend / õde

propre / sale

puhas / must

complet / incomplet

täielik / puudulik

jour / nuit

päev / öö

mort / vivant

surnud / elus

large / étroit

lai / kitsas

comestible / incomestible

söödav / mittesöödav

méchant / gentil

kuri / sõbralik

excité / ennuyé

põnevil / tüdinud

gros / mince

paks / peenike

premier / dernier

esimene / viimane

ami / ennemi

sõber / vaenlane

plein / vide

täis / tühi

dur / souple

kõva / pehme

lourd / léger

raske / kerge

faim / soif

nälg / janu

malade / sain

haige / terve

illégal / légal

ebaseaduslik / seaduslik

intelligent / stupide

tark / rumal

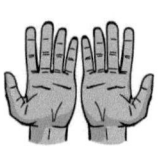

gauche / droite

vasak / parem

proche / loin

lähedal / kaugel

nouveau / usé

uus / kasutatud

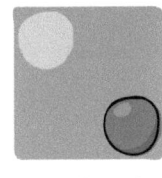

rien / quelque chose

mitte midagi / midagi

vieux / jeune

vana / noor

marche / arrêt

sees / väljas

ouvert / fermé

lahti / kinni

faible / fort

vaikne / vali

riche / pauvre

rikas / vaene

correct / incorrect

õige / vale

rugueux / lisse

kare / sile

triste / heureux

kurb / rõõmus

court / long

lühike / pikk

lent / rapide

aeglane / kiire

mouillé / sec

märg / kuiv

chaud / froid

soe / jahe

guerre / paix

sõda / rahu

0

zéro

null

1

un / une

üks

2

deux

kaks

3

trois

kolm

4

quatre

neli

5

cinq

viis

6

six

kuus

7

sept

seitse

8

huit

kaheksa

9

neuf

üheksa

10

dix

kümme

11

onze

üksteist

12

douze

kaksteist

13

treize

kolmteist

14

quatorze

neliteist

15

quinze

viisteist

16

seize

kuusteist

17

dix-sept

seitseteist

18

dix-huit

kaheksateist

19

dix-neuf

üheksateist

20

vingt

kakskümmend

100

cent

sada

1.000

mille

tuhat

1.000.000

million

miljon

nombres - numbrid

anglais

inglise

anglais américain

Ameerika inglise

chinois mandarin

mandariini

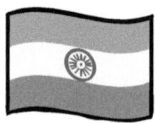

hindi

hindi

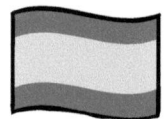

espagnol

hispaania

français

prantsuse

arabe

araabia

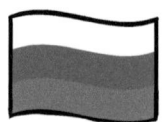

russe

vene

portugais

portugali

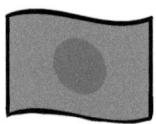

bengali

bengali

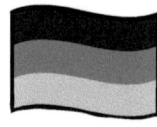

allemand

saksa

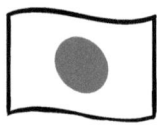

japonais

jaapani

je

mina

tu

sina

il / elle / ce, c', cela

tema

nous

meie

vous

teie

ils / elles

nemad

Qui ?

kes?

Quoi ?

mis?

Comment ?

kuidas?

Où ?

kus?

Quand ?

millal?

nom

nimi

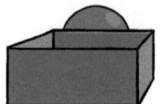

derrière

taga

dans

sees

devant

ees

au-dessus

kohal

sur

peal

en-dessous

all

à côté de

kõrval

entre

vahel

lieu

koht